Micha Friemel

Jacky Gleich

Lulu in der Mitte

Für Zilla

Lulu in der Mitte

Micha Friemel   Jacky Gleich

Hanser

Kaspar ist der Große.
Leonor die Kleine. Und Lulu?

Kaspar kann alles. Fast alles. Er baut Helikopter. Er fliegt durch das Haus.
Er konstruiert Melkmaschinen und Kühlschrankventilatoren, Musikinstrumente,
ein ganzes Orchester. »Irgendwann«, sagt Oma, »bekommst du dafür den Nobelpreis.«

Lulu arbeitet leiser. Sie schnipselt Papier.
Sehr viel Papier.

Leonor tut gar nichts. Aber sie ist süß.

»Schaut«, ruft Oma, »unser Putzelchen krabbelt schon richtig.«

Leonor lacht. »Das wärmt einem das Herz«, sagt Oma.

Manchmal haut Lulu Leonor auf den Kopf.

Wenn Leonor weint, rennt Mama,
nimmt sie auf den Arm und an die Brust.

Lulu wirft die Papierschnipsel in die Luft wie
Konfetti und tanzt Pirouetten.

Leonor zieht sich zum ersten Mal hoch.

Oma ist entzückt: »Guckt nur, wie elegant das Putzelchen steht.

Sie wird bestimmt Balletttänzerin.«

»Kinder, Hände waschen!«, ruft Papa aus der Küche.

Lulu will helfen. Aber das Essen ist längst fertig.

»Dann decke ich eben den Tisch.«

»Ist schon gemacht«, sagt Papa.

»Ich will aber einen richtigen Teller, wie Kaspar!«,

schimpft Lulu. »Ich bin doch kein Baby.«

Papa wäscht Leonor die Hände. Lulu hält ihre auch hin.
Papa lacht nur: »Ich denke, du bist kein Baby mehr.«

Schmeißt Leonor den Becher um, sagt Mama:
»Hoppala. Ihr Großen, helft doch mal!«
Kaspar startet den Motor und fliegt wild herum.
Lulu holt ein Tuch und trocknet den Tisch.

Schmeißt Lulu den Becher um, schimpft Mama.
»Kannst du nicht aufpassen? Du bist doch kein Baby mehr.«

In der Badewanne verwandelt
sich Kaspar in ein riesiges U-Boot.

Leonor quietscht. Sie badet gerne.

Nur darf ihr kein Wasser in die Augen kommen.

Lulu federt das Schaukeln des U-Bootes ab.

Sie gibt Papa das Babyshampoo, dann die Brause.

Das U-Boot brüllt: »Ich brauche die Steuerung!«

Lulu gibt Kaspar die Brause wieder zurück.

Am Abend kann Lulu nicht schlafen. Sie schreit und schluchzt.
Papa nimmt sie auf den Arm. Mama kommt auch und küsst ihre Stirn.
»Was ist denn los, meine Kleine?«

Lulu springt auf. »Ich bin nicht klein.
Ich bin nicht groß. Was bin ich denn?«

Mama muss nicht lange überlegen: »Goldrichtig bist du.
Der Schinken im Sandwich. Die Creme in der Schnitte, das Gelbe im Ei.
Du bist unsere goldene Mitte.«
»Das ist schön«, murmelt Lulu. Sie wird ganz still.

Sie klettert auf die Sofalehne. »Ich bin nicht groß,
ich bin nicht klein. Ich bin die goldene Mitte.«

»Außerdem«, sagt Papa, »bist du die wunderbarste Schnipselschneiderin der Welt.« Lulu rudert wild mit den Armen, als Papa sie ins Bett tragen will. »Falsche Richtung, Papa! Ich bin mit meiner Arbeit nicht fertig.«

Papa seufzt, aber er reicht Lulu die Schere.
»Mama«, ruft sie, «setz dich auch neben
mich! Ein paar Schnipsel nur, dann gehen
wir schlafen.«

Micha Friemel, 1981 in St. Gallen geboren, studierte Geschichte und Germanistik in Basel und absolvierte dann ein Bachelor-Studium »Literarisches Schreiben« am Schweizerischen Literaturinstitut Biel. Sie lebt mit ihrem Mann und vier Kindern in Sta. Maria Val Müstair. Nebenbei führen sie eine kleine Pension für »kreativen Rückzug« (www.chasa-parli.ch).

Jacky Gleich, 1964 in Darmstadt geboren, studierte Animation an der Filmhochschule Babelsberg. Sie hat mehr als 80 Bücher für Kinder und Erwachsene illustriert, wofür sie mehrfach ausgezeichnet wurde, u.a. mit dem Deutschen Jugendliteraturpreis für *Hat Opa einen Anzug an?* (Text: Amelie Fried, Hanser 1997). Bei Hanser erschien zuletzt das Bilderbuch *Otto war nicht begeistert* (Text: Jutta Richter, 2017). Jacky Gleich lebt in einem schiefen Holzhaus in den Schweizer Bergen.

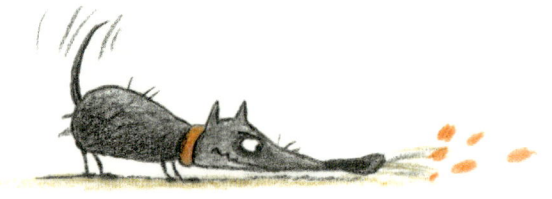

2. Auflage 2021

ISBN 978-3-446-65223-4
© 2020 Carl Hanser Verlag GmbH & Co. KG, München
Umschlag: Stefanie Schelleis, München
Illustrationen und Lettering: Jacky Gleich
Litho: Fotosatz Amann, Memmingen | Satz im Verlag
Druck und Bindung: TBB, a.s., Banská Bystrica
Printed in Slovak Republic

MIX
Aus verantwortungs-
vollen Quellen
FSC® C022120
FSC
www.fsc.org